Das sind **Kofi** 

und seine Freundin **Fina**  .

Die beiden sind Kofferfische.
Kofferfische sind immer unterwegs.
Mal sind sie im Meer, mal auf dem Berg …

Kofi und Fina sprechen in Reimen.
Aber manchmal fehlt noch Kofis Reim
und manchmal fehlt noch Finas Reim.

Es gibt zwei Wege,
den fehlenden Reim zu finden.

1. Weg Du erfindest die zweite Hälfte selbst.

2. Weg Hinten im Heft ist ein Stickerbogen.

Dort suchst du den Reim. Den klebst du auf die Seite.
Dann sieht es so aus:

Inhalt

Setze die passenden Buchstaben in die farbigen Kästchen ein.
Kästchen gleicher Farbe stehen für gleiche Buchstaben.

Und so ergeben sie ein schönes Wort: □□□□□□□□

1. Woche

2. Woche

3. Woche

4. Woche

5. Woche

6. Woche

ABC-Spiele

In jedem Satz fehlt ein Buchstabe des Alphabets. Welcher ist es?

Yvonne sucht unter dem Plüschsofa verzweifelt ihre goldfarbene Hexenjacke.

Maxi Meyer findet in dem pinkfarbenen Jogurtbecher zwei singende verzauberte Quitten.

Xaver quasselt jedoch ungern mit den winzigen verspielten Babykrokodilen.

Alexander malt jetzt ein schönes weißes Ypsilon quer auf die buntgeflickte Puppe.

Bilde einen Satz, in dem diese vier Buchstaben · · · vorkommen.

Afrikanische Antilopen albern abends

auffällig anders als asiatische Affen.

Setze den passenden Buchstaben ein.
Achte auf Groß- und Kleinschreibung.

☐estreifte ☐rüne ☐iraffen ☐aloppieren ☐anz ☐erne ☐ruppenweise.

☐ei ☐ezuckerten ☐laubeeren ☐etteln ☐raune ☐ären ☐esonders ☐rummig.

☐ette ☐innische ☐lussforellen ☐angen ☐roh ☐antastisch ☐arbige ☐liegen.

Hier kommen zwei Anfänge zum Weiterschreiben.

Zweifarbige Zebras zwinkern.
Zweifarbige Zebras zwinkern Zugvögeln zu.

Kleinkarierte Kängurus können königliche Kringel ...

Tipp: Das geht auch zu zweit. Jeder fügt abwechselnd ein Wort ein.

Fußball-Wtze

In welcher Reihenfolge treffen die Bälle ins Tor?
Sortiere die Witzschnipsel von Witz 1, Witz 2 und Witz 3.
Dann ergeben die Buchstaben in den Bällen das Lösungswort.

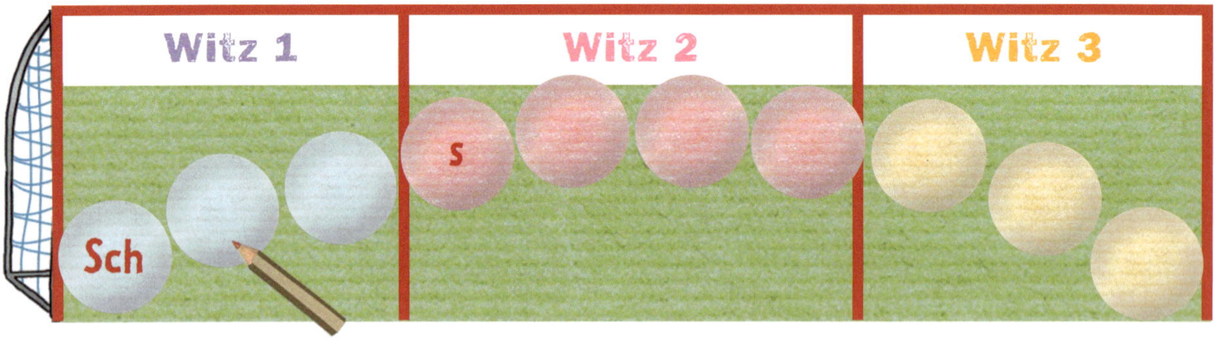

- (Sch) Der Mathematiklehrer schreibt 2 : 2 an die Tafel.
- (s) Sebastian kommt nach dem Fußballspiel stolz nach Hause:
- (t) Ein Fußballtrainer kommt nach Hause und fragt seinen Sohn:
- (r) „Ich habe heute 2 Tore geschossen!"
- (ie) „Was bedeutet das, Kinder?"
- (ch) „1 : 1."
- (e) „Na, wie ist dein Zeugnis ausgefallen?"
- (i) Die Mutter fragt: „Und wie ist das Spiel ausgegangen?"
- (d) „Unentschieden", ruft Klaus lautstark.
- (r) „Nicht schlecht. Alle anderen müssen die Klasse wechseln. Nur mein Vertrag wurde verlängert."

Buchstabenrätsel

Hier fehlen alle Selbstlaute. Setze sie ein.

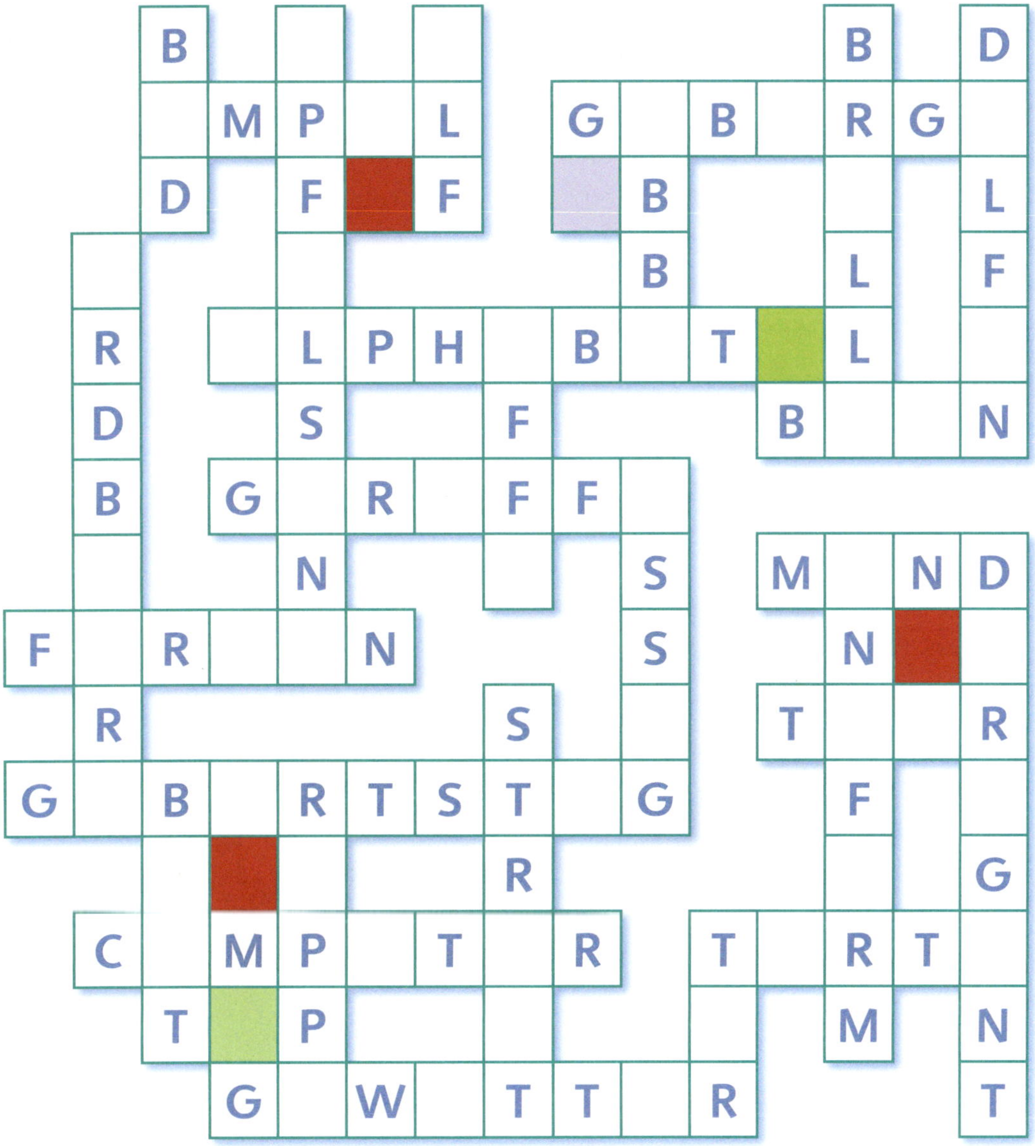

Inspektor Froscholoff findet alles

Das Pokalfinale

15.45 Uhr: Inspektor Froscholoff wurde ins Stadion gerufen. Schiedsrichter Haselowski begrüßte ihn aufgeregt:

„Herr Inspektor, das Finale muss ausfallen.
Der Pokal wurde gestohlen.
Vor einer halben Stunde stand er noch hier auf dem Tisch.
Und fünf Minuten danach hat ihn ein Dieb geschnappt.
Der Dieb mischte sich unter die Zuschauer und war verschwunden.
Es ging alles furchtbar schnell."
Froscholoff fotografierte das Stadion und sagte:
„Ich glaube Ihnen kein Wort."

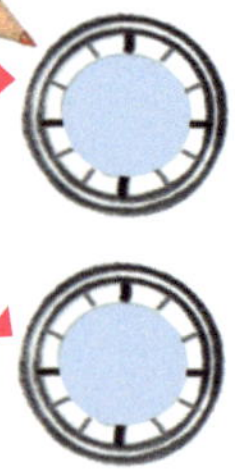

Warum glaubt Inspektor Froscholoff dem Schiedsrichter nicht?

Froscholoff bückte sich und suchte fünf Schnipsel zusammen, die der Wind auf dem Rasen verteilt hatte.
Er drehte die Schnipsel so lange, bis sie zusammenpassten.
„Mein lieber Haselowski", sagte Inspektor Froscholoff, „Sie wissen, wo der Pokal ist.
Sorgen Sie dafür, dass er sofort wieder auf den Tisch kommt."

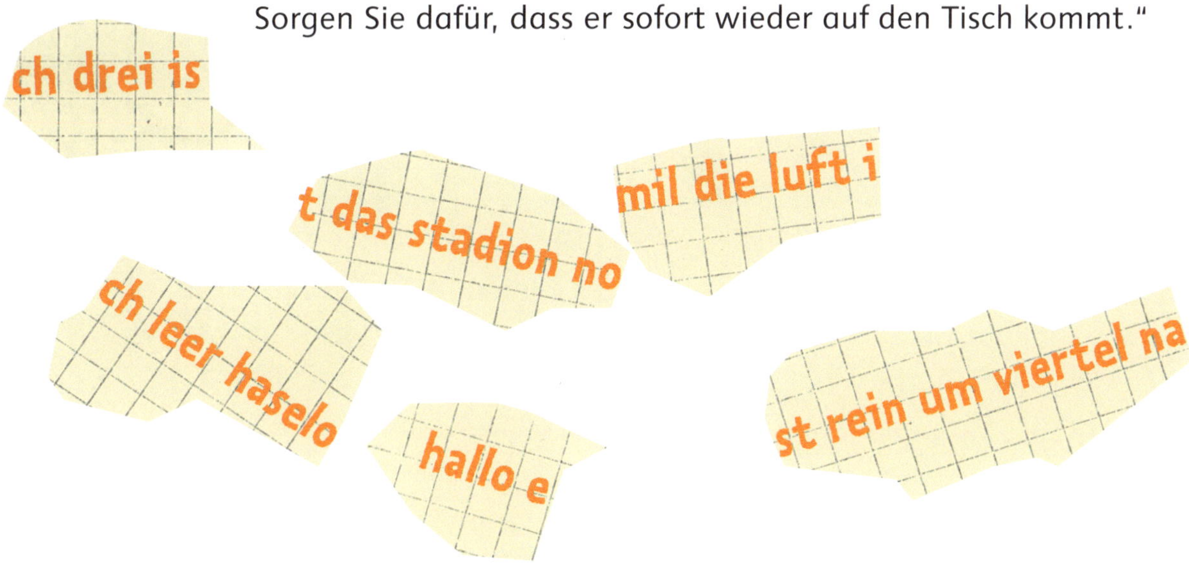

Was steht auf diesen Schnipseln? Einige Wörter sind zerrissen.
Alles ist klein geschrieben und die Satzzeichen fehlen auch.
Schreibe die Sätze richtig auf.

Dick & dünn ...

dunkel

In der dunklen Nacht leuchten die Sterne hell.
Aber die Schmetterlinge sind im Dunkeln nicht zu sehen.

hell

Jedoch am hellen Tag leuchten ihre Flügel in der Sonne.
Aber die Sterne bleiben im Hellen unsichtbar.

leicht

Der Wind wirbelte die Mücke durch die Luft.
„Manchmal ist es schwer, so leicht zu sein", zitterte die Mücke.

schwer

„Manchmal ist es leicht, so schwer zu sein", trompetete der Elefant.

„Es ist **klug**, nicht **dumm** zu reden", sagte der Uhu.

„Es ist nicht **dumm**, **klug** zu reden", sagte der Papagei.

„Ich muss immer wach sein", knurrte der Hund müde.

wach & müde

Auch hier werden kleine Geschichten mit Gegensatzpaaren erzählt. Ergänze die passenden Wörter.

Nachts, wenn es dunkel ist, leuchten Glühwürmchen ________ .

Am ________ Tag aber leuchten sie nicht.

Die Schnecke ist weich,

aber ihr Haus ist ________ .

Der Sonnenschein ist warm .

Der Mondschein ist ________ .

Hasenohren sind ________ .

Mäusebeine sind ________ .

Die Mücke ist ________ .

Die Mücke ist ________ .

Die Giraffe ist ________ .

Die Giraffe hat ________ Beine.

Der Igel hat ________ Beine.

Der Igel ist stachlig .

Die Schlange ist ________ .

Die Schlange ist dünn .

Der Bär ist dick .

Der Bär ist ________ .

- schwer ○
- kurz ○
- dünn ⊗
- glatt ○
- klein ○
- dick ⊗
- leicht ○
- groß ○
- lang ○

Fußball

Geschichte zum Sortieren

Ordne die Sätze. Dann ergeben die Buchstabengruppen ein Lösungswort.

	eta	Namen „Ts'uh-küh". Das hieß: einen Ball mit
	eig	in China ein Spiel gegeben haben mit dem
	fel	dem Fuß nach vorn treiben.
1	Anz	Bereits vor über 2000 Jahren soll es

Anz ___ ___ ___

	tme	gespielt. Damals lag das Spielfeld zwischen zwei
	aft	Ball irgendwie in das gegnerische Tor zu bringen.
	iste	Dörfern. Es gab wenige Regeln, das Spiel war grob und
	Wel	Schon im 12. Jahrhundert wurde in England „Football"
	rsch	dauerte mehrere Stunden. Wichtig war nur, den

___ ___ ___ ___ ___

	ete	ersten Fußballregeln fest. Diese Regeln wurden in
	rpu	den nächsten Jahren immer wieder erweitert. Deshalb
	Elfm	1848 legten Studenten einer englischen Universität die
	nkt	nennt man England das „Mutterland" des Fußballs.

___ ___ ___ ___

	it	teil, weil für viele Länder die weite Reise nach
	Hal	Die erste Fußball-Weltmeisterschaft fand 1930 in
	use	wurde Uruguay mit einem 4:2-Sieg gegen Argentinien.
	bze	Uruguay statt. Damals nahmen nur 13 Mannschaften
	pa	Südamerika viel zu teuer war. Weltmeister

___ ___ ___ ___ ___

Silbenrätsel

Setze die Silben so zusammen, dass die passenden Wörter entstehen.

mi	Fle	Blind	Ther	tor	Wet	~~naut~~	maus	Ven	Ge
scher	~~As~~	der	Ru	Eich	Ka	Py	ter	haus	Schim
pan	se	schlei	me	~~tro~~	hörn	boot	ti	Gän	wächs
la	de	ra	chen	wa	mo	che	ra	ter	hahn
gen	Mäh	blüm	Flie	dre	der	se	ne	chen	pilz

ein Reisender im Weltraum	As	tro	naut	
ein Glashaus für Pflanzen				
ein Grabmal für Pharaonen				
ein fliegendes Säugetier				
eine winzige weiße Wiesenblume				
ein Wasserfahrzeug				
eine Landmaschine zur Getreideernte				
ein Messgerät für Temperaturen				
eine Eidechse ohne Beine				
eine Reisegesellschaft auf Kamelen				
ein Windrichtungsanzeiger				
eine Windmachmaschine				
ein Nagetier mit buschigem Schwanz				
ein Menschenaffe				
ein Pilz mit Punkten				

Der Käsediebstahl

„Wir sind bestohlen worden", rief Herr Maus.
„Unser Käse ist weg!
Die Tür war verschlossen.
Mit diesem Stein hat der Dieb
das Fenster eingeschlagen.
Da steht noch die Leiter."

„Ich glaube das nicht", sagte Inspektor Froscholoff
und fotografierte den Tatort.
„Sie haben übrigens ein wunderschönes Kleid an",
sagte der Inspektor zu Frau Maus.
„Danke", sagte Frau Maus, „Sie sind sehr aufmerksam."

Warum fotografierte der Inspektor den Stein und die Scherben
vor dem Haus?

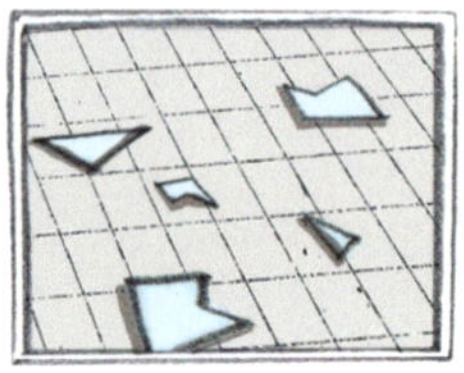

Was mit dem Käse passierte:

Zeichne den Weg von Frau Maus nach.
Dann weißt du, was mit dem Käse passiert ist.

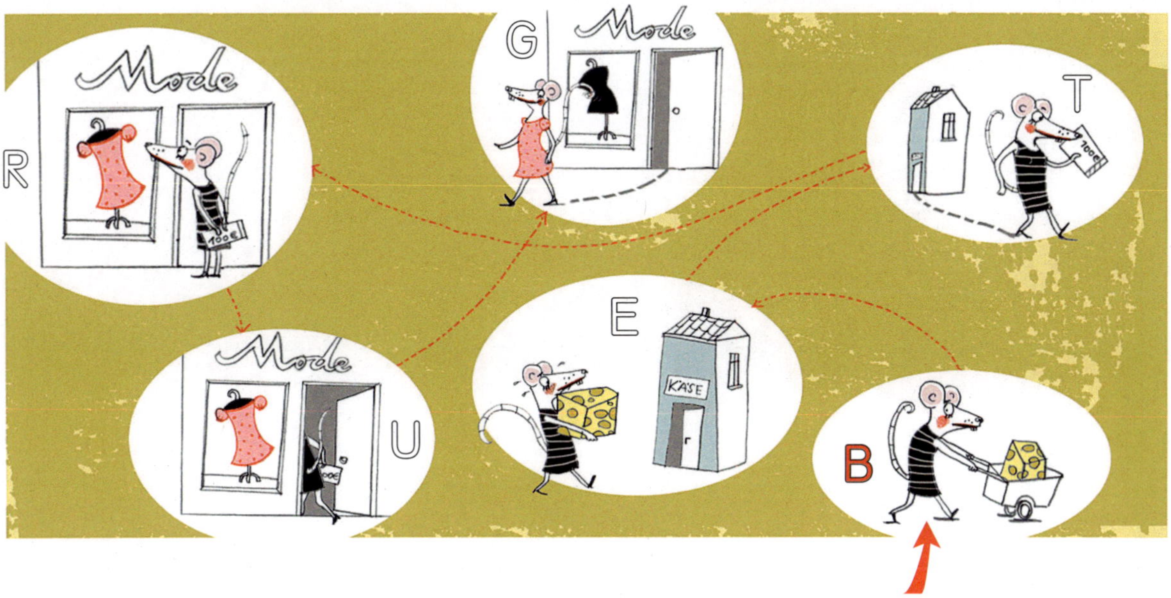

In jedem Bild findest du einen Buchstaben.
In der Reihenfolge des Weges sagen sie, was geschehen ist:

B					

Inspektor Froscholoff hat den Fall gelöst.
Schreibe seinen Bericht:

Tiere, die im Dunkeln leuchten

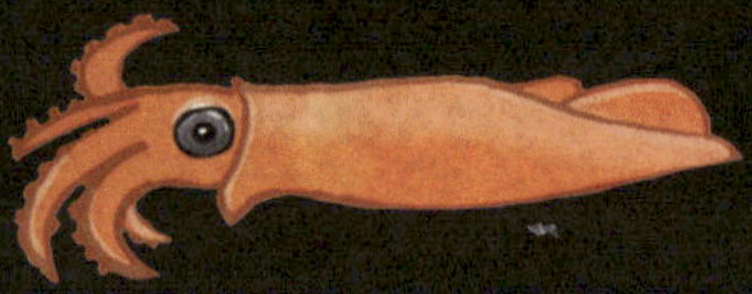

Tief im Meer ist es dunkel. Je tiefer, desto dunkler,
so dunkel wie nachts unter der Decke.
Unter 1000 m Tiefe dringt kein Sonnenlicht.
Dort gibt es Lebewesen, die selbst Licht erzeugen können.

Manche leuchten, um ihre Beute anzulocken.
Andere leuchten, um Feinde zu verwirren,
um Angreifer abzuwehren oder einen Partner anzulocken.

Tiefseeangler

Die Weibchen haben eine
leuchtende Angel.
Damit locken sie ihr Futter an –
direkt vor ihr Maul mit
den spitzen Zähnen.

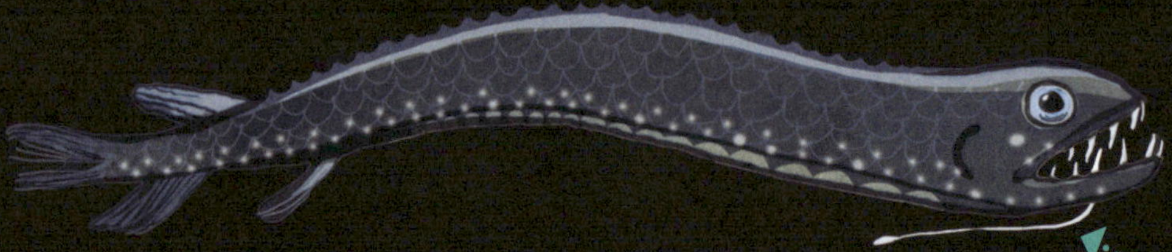

Schuppendrachenfisch

Die Weibchen werden bis zu 40 cm lang.
Sie haben eine leuchtende Kinnbartel
und Leuchtpunkte hinter den Augen
und an den Seiten.
Ihre Zähne sind spitz und gefährlich.

Seestern

Der leuchtende Seestern
zeigt seinen Feinden:
Ich schmecke ekelhaft.

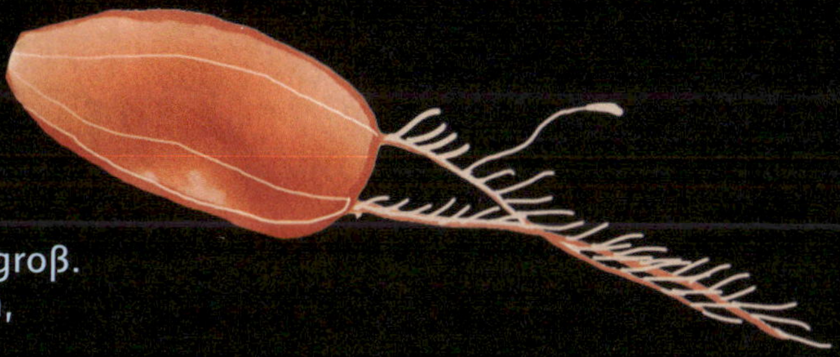

Rote Rippenqualle

Diese Qualle wird 30–40 cm groß.
Um ihre Feinde abzuschrecken,
kann sie mit ihren Rippen
ein Blitzgewitter leuchten lassen.

Leuchtkalamare

Sie werden nur 5 cm groß.
Mit ihren Leuchtpunkten locken sie
Partner an. Zur Fortpflanzung
kommen sie an die Oberfläche.
Dort machen sie sich unsichtbar, indem sie
ihr Leuchten dem Licht von oben anpassen.

Manche der leuchtenden Wesen leben auch in geringeren Tiefen. Tagsüber sind sie in dunklen Verstecken. Nachts tauchen sie auf, um nach Beute zu suchen.

Blitzlichtfisch

Dieser Fisch wird nur etwa 8 cm groß.
Aber mit seinem Leuchtorgan
kann er bis zu 30 m weit leuchten.
Wie mit einem Lid kann er es
auf- und zumachen: Licht an, Licht aus.

Welche Tiere kennst du, die im Dunkeln etwas Leuchtendes haben?

Würfelspiel

Ihr braucht:

→ 1 Würfel → für jeden Mitspieler eine Spielfigur

→ Papier und 1 Stift, alte Zeitungen

Zeichenerklärungen:

Du hast eine Runde Zeit, die Würfelsprüche zu lernen. Kannst du sie laut aufsagen, rücke entsprechend viele Felder vor.

Die Augen des schwarzen Katers funkeln dich im Dunkeln an. Setze eine Runde aus.

1. Aller Anfang ist schwer. Würfle noch einmal.
2. Ein Mitspieler schreibt 4 Adjektive auf. Wenn du dazu die Gegenteile richtig benennst, darfst du 2 Felder vorgehen.
3. Du hast vergessen, den Kater zu füttern. Gehe zurück zum Start und beginne noch einmal.
4. Erfinde einen Zauberspruch.
Trage ihn auf magische Weise vor, dann kannst du noch einmal würfeln.
5. Kennst du ein Sprichwort? Nenne es, dann rücke 1 Feld weiter.
6. Schnurre wie ein kleines Kätzchen, fauche wie ein Kater und brülle wie ein Tiger.
7. Wenn du 5 Drehwörter aufschreibst, darf deine Figur 3 Felder voran.
8. Du darfst erst mit einer SECHS weiterziehen. Tipp: Murmle leise den Würfelspruch für eine 6.
9. Zeichne das Haus vom Nikolaus  ohne abzusetzen.
Du hast 2 Versuche. Ist es geglückt, rücke 2 Felder weiter.
10. Bastle dir schnell einen Hut aus Zeitungspapier und setze ihn auf. Behalte ihn so lange auf, bis das Spiel zu Ende ist.
11. Würfle noch einmal. Was zeigt dein Würfel? So viele Felder gehe zurück.
12. Nenne einen kleinen Satz mit Wörtern, die alle den gleichen Anfangsbuchstaben haben.
Hast du es geschafft, kannst du 2 Felder vorgehen.
13. Erzähle einen Witz, hüpfe dabei auf einem Bein.
Dann darfst du noch einmal würfeln.

Die Libellenwindanlage

Froscholoff erfindet was

Froscholoff ist ein Erfinder und Bastler.
Er denkt sich nützliche Maschinen aus.
Zum Beispiel seine neue Libellenwindanlage.
Wozu er die braucht?
Frösche leiden sehr unter großer Hitze.
Besonders schlimm ist es, wenn sich kein Lüftchen rührt.
„Wo bekomme ich hier Wind her?“, fragte Froscholoff und sah sich um.

Er beobachtete eine Libelle, die flügelschlagend
an den Tautropfen eines Schilfblattes schleckte.
Froscholoff spürte den zarten Windhauch
des Flügelschlags und dachte:
„Auch Libellen haben es bei dieser Hitze schwer.“
Und dann rief er: „Ich brauche einen Schwamm,
Klebeband, etwas Schnur, einen Karton
und einen Trichter.“

Froscholoff klebte den feuchten Schwamm
in den Karton. Den Karton band er
an den Zweig der kleinen Buche
und darunter hängte er einen Trichter.
Dann legte sich Froscholoff
unter den Trichter und rief:

Die Libellen kamen.
Sie schleckten die Wassertropfen vom Schwamm.
Ihre Flügel fächelten winzige Winde.
Die Winde wurden vom Trichter gesammelt und am schmalen Ende, wie durch eine Düse, auf Froscholoff gelenkt.
„So geht es allen gut“, sagte Froscholoff lachend, „die Libellen können trinken und ich habe frischen Wind.“
Und nun, als Froscholoff wieder frischer Wind um den Kopf wehte, fielen ihm immer neue Windanlagen ein …

… mit einer Taschenlampe Außerirdische anlocken, damit ihre Rotorblätter Wind machen …

… Vögel mit hängender Leckerei einladen, so dass sie beim Essen flattern …

… verliebte Hubschrauber einladen. Sie machen unglaublich viel Wind …

… ein Blattwedel …

Beschreibe oder zeichne deine Idee für eine Windanlage.

Rechtschreibwege

Georg Grün und Pia Pink wollen mit Freunden wandern.
Ihr Weg führt über die richtigen Buchstaben im Pfeil. Wen treffen sie?

Georg GRÜN – Pia PINK

Himmel / Hummel	→ i →	dreck_	→ ig →	erz_hlen	→ ä →	jun_
↓ u		↓ ich		↓ e		↓ g
Techni_	← cks ←	we_eln	← s ←	Stra_e	← ie ←	verl_ren
↓ k		↓ chs		↓ ß		↓ ih
h_ngen	→ ä →	schwi_en	→ m →	Ar_	→ zt →	fröhl_
↓ e		↓ mm		↓ tzt		↓ ich
Sta_	← ss ←	er fri_t	← ck ←	Pa_et	← äu ←	h_fig
↓ dt		↓ s		↓ k		↓ eu
schreck_	→ lich →	f_cht	→ äu →	_ngstlich	→ e →	Ta_i
↓ ig		↓ eu		↓ ä		↓ ks
na_	← öh ←	str_men	← i ←	Sp_gel	← ff ←	schar_
↓ ss		↓ ö		↓ ie		↓ f
Billy BLAU		Leo LILA		Gabi GELB		Rita ROT

Georg Grün trifft ______________________ .

Pia Pink trifft ______________________ .

6 Teekesselchen finden

Mein Teekesselchen spendet Wasser und kann krähen.

Mein Teekesselchen wird rasiert und kann aber auch abbrechen.

Mein Teekesselchen steckt den Kopf in den Sand und kommt in die Vase.

Mein Teekesselchen liebt Käse und macht klick.

Mein Teekesselchen fliegt um die Lampe und wird an den Kragen gebunden.

In meinem Teekesselchen lebt ein König und es schützt mich vor Dieben.

Wie Pellegrine die Stinkmaus kennenlernte

Glitzerkatzen glitzern, das sagt ja schon der Name. So eine richtige Glitzerkatze, eine von den echten, die sieht besser aus als ein Weihnachtsbaum mit bratzelnden Wunderkerzen, sie sieht sogar besser aus als Silvester, wenn tausend Raketen in der Luft zerknallen und der ganze Himmel wunderschön in allen Farben leuchtet. Deswegen sind Glitzerkatzen ja auch so beliebt.

Wer noch keine Glitzerkatze gesehen hat, ist selber Schuld. Der soll bloß nicht sagen, die gibt's ja gar nicht. Klar gibt's die. Es gibt sogar eine ganze Menge.

Aber wer eine Glitzerkatze hat, wie zum Beispiel Herr Fischer, der zeigt sie keinem. Herr Fischer sagt immer: „Ich bin doch nicht verrückt! Wenn ich meine Glitzerkatze jemandem zeige, dann wird sie doch sofort geklaut." Und er hat recht! Glitzerkatzen werden häufiger geklaut in unserem Land als Autos oder Schokolade, weil sie so kostbar sind.

Manchmal werden sie auch nur entführt und gegen Lösegeld wieder freigelassen. Oder manchmal … na ja. Eigentlich geht es ja jetzt um Herrn Fischer und seine Glitzerkatze. Diese Glitzerkatze bekam eines Tages drei Babys. Das fand Herr Fischer natürlich ganz famos. Drei neue Glitzerkatzen, damit konnte er einen Haufen Geld verdienen!

Jetzt ist es aber so bei Glitzerkatzen, dass die erst anfangen mit dem Geglitzer und dem Geflimmer und dem Geleuchte, wenn sie schon ein bisschen älter sind. So ungefähr ab zwei Monaten. Und nach zwei Monaten, da glitzerte eine von Herrn Fischers neuen Glitzerkatzen noch kein bisschen.
Überhaupt nicht.
Nicht mal so viel wie ein rostiger Pfennig.

Der kleinen Katze – sie hieß übrigens **Pellegrine** – machte das nichts aus. Wenigstens nicht am Anfang. Glitzerkatzen ist es nämlich schnurzegal, ob sie glitzern oder nicht. Genauso, wie es Stinkmäusen eigentlich egal ist, ob sie nicht stinken oder doch. Aber das ist jetzt noch nicht so wichtig.
Wichtig ist, dass Herr Fischer sauer war, weil Pellegrine nicht glitzerte.

Er war so sauer, dass er Pellegrine nach drei Monaten, als ihre Geschwister schon längst aussahen wie Weihnachten und Silvester zusammen, einfach rausschmiss.

Und zwar an einem Tag, an dem es draußen in Strömen regnete und ziemlich kalt war. Nette Leute tun so was nicht. Aber Herr Fischer, der war ein Mistkerl. Der kannte da nix. Kein Geglitzer, Katze raus!
So einfach war das.
Und Pellegrine, die saß jetzt auf der nassen Straße. Ihr war kalt am Hintern. Also kratzte sie an Herrn Fischers Tür herum, damit er sie wieder reinließ, aber Herr Fischer … naja … wie Mistkerle eben so sind. Das dachte Pellegrine auch. So sind sie eben, die Mistkerle! dachte sie. Davon wurde ihr zwar der Hintern nicht wärmer, aber sie fühlte sich besser.

Als sie sich nicht mehr besser fühlte, fing sie an zu heulen.
Aber das half auch nicht, und deswegen hörte sie nach einer halben Stunde damit auf.

So geht's nicht weiter, dachte Pellegrine. Sie guckte die Straße rauf und die Straße wieder runter. Viel sah sie nicht, weil es schon dunkel war.
Eigentlich sah sie nur Straßenlaternen und wie im Licht der Laternen die nasse Straße glitzerte.
Da hätte sie fast wieder angefangen zu heulen, weil sie wusste, dass sie niemals so glitzern würde wie eine nassgeregnete Straße.
Aber Pellegrine riss sich zusammen. Und dann beschloss sie, alles, was glitzerte, blöd zu finden. Blödes Geregne! dachte sie und stapfte weiter durch die Kälte. Und so hätte Pellegrine womöglich noch Grippe gekriegt in dieser Nacht, wenn sie nicht der Stinkmaus begegnet wäre.

Das mit den Stinkmäusen, das ist ganz einfach. Es ist genau umgekehrt wie bei den Glitzerkatzen. Stinkmäuse stinken nämlich eigentlich nicht, sie heißen nur so. Aber wenn sie doch stinken, dann fliegen sie raus. Nicht bei irgendwelchen Herrn Fischers oder anderen Mistkerlen, sondern bei ihren eigenen Familien. Und das ist viel schlimmer. Das wünscht man keinem, auch keiner Stinkmaus.
Aber genau das war passiert.
Odoretta stank wie die Pest, und sie war rausgeflogen.

Und jetzt saß sie am Ende der Straße, unter dem Dach der letzten Bushaltestelle, und kaute Kaugummi mit Himbeergeschmack, weil sie nichts Besseres gefunden hatte.
Dann kam Pellegrine.

„Hey!“, rief Odoretta.
Pellegrine war klatschnass.
Sie fror erbärmlich. Sie fand die Welt doof, und jetzt wurde sie auch noch von dieser Maus angequatscht.
„Ich heiße Pellegrine, und nicht Hey“, schrie sie die Maus an.
Die Maus konnte zwar für gar nichts was, aber sonst war niemand zum Anschreien da, und immerhin war Pellegrine wütend, und ihr war kalt, und womöglich würde sie die Grippe kriegen.
„Ich heiße Odoretta“, sagte Odoretta, und dann fragte sie: „Frierst du?“
„Ich friere mich tot“, sagte Pellegrine, und das meinte sie ganz im Ernst.

„Ich kenne ein trockenes Plätzchen“, sagte Odoretta. „Wenn du willst, dann nehme ich dich dahin mit.“
„Warum?“, fragte Pellegrine.
„Na, das ist doch ganz einfach“, sagte Odoretta. „Weil wir jetzt Freunde sind, darum.“
„Nee“, sagte Pellegrine, „das geht nicht! Mäuse können nicht Freunde von Katzen sein.“
„Wer sagt das?“, fragte Odoretta.
Das wusste Pellegrine nicht. Das weiß keiner. Alle denken immer, das wäre eben so, aber es ist natürlich totaler Blödsinn.
„Also, was ist?“, fragte Odoretta.
Pellegrine hätte gerne eine Freundin gehabt. Odoretta war zwar eine Maus, aber wenigstens glitzerte sie nicht. Lieber eine Stinkmaus zur Freundin als gar niemanden haben auf der Welt, dachte Pellegrine.
„Na gut“, sagte sie.
„Klasse!“, rief Odoretta. „Willst du was von meinem Kaugummi abhaben?“
„Nein, danke“, sagte Pellegrine.
„Ich würde lieber jetzt gleich zu dem trockenen Plätzchen.“

Also ging Odoretta los, und Pellegrine folgte ihr, und nach zehn Minuten standen die beiden vor einer alten Scheune am Stadtrand. Die Tür der Scheune stand ein kleines bisschen offen. Und weil Katzen, und da gehören Glitzerkatzen schließlich auch dazu, sich ganz dünn machen können, passte Pellegrine hervorragend durch die Tür. Odoretta, klar, die sowieso. Stinkmäuse sind schließlich nicht größer als andere Mäuse.
In der Scheune gab es eine Menge Heu. Odoretta nahm den Kaugummi aus dem Mund und zeigte auf einen Heuhaufen.
„Das ist unser Bett für heute Nacht“, sagte sie.
„Nicht übel“, sagte Pellegrine.
Und nach einer Weile, als sie im Heu lagen, da kuschelte sich Odoretta ganz dicht an Pellegrine dran, und es war ziemlich gemütlich.
„Weißt du was?“, fragte Pellegrine.
„Nee“, sagte Odoretta.
„Du stinkst nach toten Fischen.“
„Das tut mir leid“, sagte Odoretta.
„Ich stinke jeden Tag nach etwas anderem.“
„Macht nix“, murmelte Pellegrine.
Das Heu um sie herum war so warm, dass sie schon fast eingeschlafen war.
„Weißt du noch was, Odoretta?“, sagte sie.
„Hm?“
„Du bist meine einzige Freundin auf der Welt, und du kannst stinken, soviel du willst.“
„Danke“, sagte Odoretta.

Und dann waren beide eingeschlafen, und das Einzige, was man noch hören konnte, das waren die Regentropfen, die leise, leise auf das Dach der Scheune fielen.

Andreas Steinhöfel

Zwei lustige Reime, aber welche Buchstabenverbindungen fehlen hier?
Kästchen mit gleicher Farbe stehen für gleiche Buchstaben.

Die Ausnahme

Haben Ka__en auch Gla__en?
So gut w__ n__!
Nur die fast unbekannte
sogenannte
Gla__enka__e,
die hat'se.
Und w__!

Michael Ende

Ich kenn einen Kater in Liezen,
der trifft sich mit ganz süßen M__zen
Er küsst ihre Ta__en,
versucht nicht zu schma__en
und besteht drauf, die M__zen zu siezen.

Gerd Anger-Schmidt

Tierische Sprichwörter ...

- Drei Redensarten sind richtig. Kreuze sie an.
- In die anderen Sprichwörter haben sich falsche Tiere geschummelt. Welche sind es? Unterstreiche die falschen Tiernamen. Schreibe dahinter, welches Wort eigentlich an diese Stelle gehört.

○ Aus allen Fledermäusen fallen. WOLKEN

○ Mit dem Nashorn gegen die Wand rennen. ____

○ Wo gehobelt wird, da fallen Giraffen. ____

○ Das Nilpferd zum Fenster hinauswerfen. ____

○ Hängebauchschweine haben kurze Beine. ____

○ Sich zwischen zwei Elefanten setzen. ____

○ Der Affe fällt nicht weit vom Stamm. ____

○ Einem geschenkten Gaul schaut man nicht ins Maul. ____

○ Den Letzten beißen die Hunde. ____

○ Ihm steht das Känguru bis zum Hals. ____

○ Wie man in den Löwen hineinruft, so schallt es heraus. ____

○ Den Ochsen an die Wand malen. ____

○ Fuchs macht den Meister. ____

○ Die Katze im Sack kaufen. ____

○ Es ist noch kein Frosch vom Himmel gefallen. ____

... im Kreuz gitter

In diesem Kreuzgitter stecken die 12 Lösungswörter von Seite 30.
Finde sie.

H	P	Ü	B	U	N	G	I	T	R
W	F	M	R	A	G	E	B	U	K
A	Z	E	Ä	**W**	A	L	D	P	H
S	U	K	V	**O**	P	D	X	F	Q
S	T	Ü	H	**L**	E	M	S	X	G
E	V	B	P	**K**	F	E	K	T	O
R	K	J	M	**E**	I	S	T	E	R
B	T	K	O	**N**	D	Z	R	U	L
W	T	O	P	Y	Ä	M	H	F	S
C	A	P	F	E	L	T	I	E	K
B	N	F	U	L	Ü	M	G	L	Z
E	M	R	K	P	G	Ö	J	H	P
C	S	P	Ä	N	E	P	G	F	U
A	I	K	M	E	N	P	I	N	T

Geschichten erfinden

Wie könnten diese Geschichten weitergehen?

Als Robert die Dusche aufdrehte,
kam aus dem Brausekopf eine freundliche Stimme:
„Schön, dass Sie anrufen.
Was kann ich für Sie tun?“

Es hatte die ganze Nacht geregnet.
Matilda sah am Morgen aus dem Fenster und rief:
„Mama, weißt du, wo die Luftmatratze ist?“

Wie haben diese Geschichten wohl angefangen?

Und dann sprang die Maus in die Puddingschüssel und rief: „Das Leben ist schön!"

Und dann saß die Kuh auf dem Sofa und sagte: „Darf ich bitte telefonieren?"

Und dann hob Fridolin den Stern auf und …
… steckte ihn in die Hosentasche.

Reise durchs Heft

- Schreibe den 2. Buchstaben vom Lösungswort der Seite 15 auf.
- Wie heißt die Stinkmaus? Lies auf Seite 26 nach.
  Schreibe den 4. Buchstaben des Namens auf.
- Du brauchst den 3. Buchstaben vom Wasserfahrzeug auf Seite 13.
- Welchen Buchstaben musstest du auf Seite 5 in die rosafarbenen Kästchen einsetzen?
- Nicht Hängebauchschweine, sondern … haben kurze Beine.
  Schau auf Seite 30 nach.
  Der 4. Buchstabe vom gesuchten Wort wird benötigt.
- Wer hat den Zettel auf Seite 9 geschrieben?
  Du benötigst den 4. Buchstaben.
- Du brauchst den letzten Buchstaben des Lösungswortes von Seite 6.
- Womit sammelt Froscholoff die Libellenflügelwinde Seite 21?
  Nimm den 7. Buchstaben des Gegenstandes.

Lösung:

Dieses Lösungswort öffnet ein Internetportal. Hast du schon von den Lerncoachies gehört? Gehe zusammen mit deinen Eltern auf www.lerncoachies.de.

LernCoachies.de
Besser lernen. Besser werden.

Auf der Startseite gibst du ganz unten rechts das Lösungswort ein.

Klicke auf den Pfeil und folge den Anweisungen.

Jetzt kannst du vom 15. August bis zum 9. Oktober kostenlos und unverbindlich testen.
Bei den Lerncoachies ist immer was los: Für Mathematik und Englisch findest du jede Menge Erklärfilme, Übungen, Vokabel- oder Klassenarbeitstrainer. Lass dich überraschen!

Lösungen

Seite 4 Qu • L • F • V ◆ **Seite 5** Gestreifte grüne Giraffen galoppieren ganz gerne gruppenweise. • Bei bezuckerten Blaubeeren betteln braune Bären besonders brummig. • Fette finnische Flussforellen fangen froh fantastisch farbige Fliegen. ◆

Seite 6 Schiedsrichter ◆ **Seite 7**

Seite 8 Haselowski sagt, der Dieb hätte um 15.20 Uhr den Pokal gestohlen und sei unter den Zuschauern verschwunden. Zu dieser Zeit war noch niemand im Stadion: Einlass war erst um 15.30 Uhr. Haselowski hat gelogen. ◆

Seite 9 Hallo Emil! Die Luft ist rein. Um viertel nach drei ist das Stadion noch leer. Haselo ◆

Seite 11 hell • hellen • hart • kalt • lang • kurz • leicht • klein • groß • lange • kurze • glatt • schwer ◆ **Seite 12** Anzeigetafel • Weltmeisterschaft • Elfmeterpunkt • Halbzeitpause ◆ **Seite 13** Gewächshaus • Pyramide • Fledermaus • Gänseblümchen • Ruderboot • Mähdrescher • Thermometer • Blindschleiche • Karawane • Wetterhahn • Ventilator • Eichhörnchen • Schimpanse • Fliegenpilz ◆ **Seite 14** Wenn der Dieb das Fenster von draußen mit dem Stein eingeschlagen hätte, würden der Stein und die Scherben im Haus und nicht vor dem Haus liegen. ◆ **Seite 15** BETRUG ◆ **Seite 22** Georg GRÜN trifft Leo LILA. Pia PINK trifft Gabi GELB. ◆ **Seite 23** der Hahn • der Bart • der Strauß • die Maus • die Fliege • das Schloss ◆ **Seite 29**

Ich kenn einen Kater aus Liezen,
der trifft sich mit ganz süßen Miezen.
Er küsst ihre Tatzen,
versucht nicht zu schmatzen
und besteht drauf, die Miezen zu siezen.

Seite 30 Richtig sind: Gaul • Hunde • Katze ◆ Die anderen müssen so heißen: Nashorn → Kopf • Giraffen → Späne • Nilpferd → Geld • Hängebauchschweine → Lügen • Elefanten → Stühle • Affe → Apfel • Känguru → Wasser • Löwen → Wald • Ochsen → Teufel • Fuchs → Übung • Frosch → Meister ◆

H	P	Ü	B	U	N	G	I	T	R
W	F	M	R	A	G	E	B	U	K
A	Z	E	Ä	W	A	L	D	P	H
S	U	K	V	O	P	D	X	F	Q
S	T	Ü	H	L	E	M	S	X	G
E	V	B	P	K	F	E	K	T	O
R	K	J	M	E	I	S	T	E	R
B	T	K	O	N	D	Z	R	U	L
W	T	O	P	Y	Ä	M	H	F	S
C	A	P	F	E	L	T	I	E	K
B	N	F	U	L	Ü	M	G	L	Z
E	M	R	K	P	G	Ö	J	H	P
C	S	P	Ä	N	E	P	G	F	U
A	I	K	M	E	N	P	I	N	T

Seite 31

Haben Katzen auch Glatzen?
So gut wie nie!
Nur die fast unbekannte
sogenannte
Glatzenkatze,
die hat'se.
Und wie!

Texte Franz Zauleck & Liane Lemke

Redaktion Barbara Bütow

Illustration Maja Bohn

Innengestaltung Linde de Maizière

Hinweise für die Erwachsenen

Ferien sind Ferien. Die Reise durch die Geschichten, Reime und Rätsel des Sommerheftes soll den Kindern ein Vergnügen sein, freiwillig und spielerisch.
Manchmal wird es hilfreich sein, die Basteleien (Dreh-Kärtchen) oder ein Spiel (Würfel-Spiel) gemeinsam zu machen. Dann macht es auch noch mehr Spaß.
Und wenn es Spaß macht, lernt man am besten!

Die hier aufgeführten Übungsaspekte in den Texten, Spielen und Aufgaben sind exemplarisch und nur zur Orientierung für interessierte Erwachsene:

2 Wortanalyse, Einsetzen fehlender Buchstaben **4** Lesen, Alphabet, Satzbildung **5** gleiche fehlende Anfangsbuchstaben im Satz erkennen und einsetzen, Groß- und Kleinschreibung, selbst solche Sätze erfinden **6** Witze lesen, inhaltlich sortieren und Lösungswort bilden **7** Selbstlaute einsetzen **8** Text lesen und erfassen, Uhrzeiten verstehen, Zusammenhänge kombinieren, Satzbildung, Groß- und Kleinschreibung, Satzzeichen **10** Text lesen, Gegensätzliches erkennen **11** Adjektive einsetzen, Gegensatzpaare **12** Text lesen, inhaltlich zu Sätzen sortieren, Lösungswort bilden **13** Rätsel, Silben zu sinnvollen Wörtern zusammensetzen **14** Text lesen und erfassen, Schlussfolgern, Bilder in richtige Reihenfolge bringen, Lösungswort bilden, Sätze bilden **16** Lesen, Sachwissen anwenden **18** Würfelspiel mit Sprachaufgaben (Wort- und Satzebene), Körperübungen **20** Text lesen und erfassen, Erfinden einer eigenen fantastischen Windanlage (Text oder Skizze) **22** richtiges Schreiben von Wörtern **23** Erkennen der doppelten Bedeutung der Wörter (Teekesselchen) **24** Text lesen und erfassen **29** Wortanalyse, Buchstabenverbindungen einsetzen, zu sinnvollen Wörtern ergänzen, Reime lesen **30** Sprichwörter inhaltlich erfassen, Fehler finden und korrigieren **31** Wortbilder im Kreuzgitter erfassen **32** zu vorgegebenen Geschichtenanfängen weiterschreiben; zu vorgegebenem Schluss passenden Anfang schreiben **Hintere Umschlagseite** Dreh-Kärtchen bauen

Textquellen
19 Maar, Paul: Würfelbeschwörungen (Der Hund hat … Der Hund legt sich schlafen … Der Hund spitzt … Der Hund ist kein … Der Hund, der geht barfuß … Ein Hund, zwei Vampire …) Originalbeitrag **24** Steinhöfel, Andreas: Wie Pellegrine die Stinkmaus kennenlernte. Aus: Glitzerkatze und Stinkmaus. Hamburg: Carlsen 1994 **29 (35)** Ende, Michael: Die Ausnahme. In: Überall und neben dir. Gedichte für Kinder. **29 (35)** Anger-Schmidt, Gerda: Ich kenn einen Kater … Aus: Muss man Miezen siezen? St. Pölten – Salzburg: Residenz Verlag im Niederösterreichischen Pressehaus Druck- und Verlagsgesellschaft mbH 2006

Bildquellen
10 African Elephant Isolated on White © Duncan Noakes – Fotolia.com • Butterfly – 3d render illustration on white background © tavi – Fotolia.com • Mosquito isolated on white. © Henrik Larsson – Fotolia.com **U3** Nadel: Thomas Wellendorf • Drehkärtchen und Hände: Marion Goedelt

Fotocollagen
Fotocollagen von Maja Bohn unter Verwendung folgender Fotos: **4/5 ff.** schoolmaster snapper © Christian Schoettler – Fotolia.com • Meeresboden: © Sebastian Kaulitzki – Fotolia.com • Malediven: cfotomaton – Fotolia.com **8/9 ff.** sandals, alone on the beach © ar170na – Fotolia.com 14/15 Wolkenhimmel © Andrea Resch – Fotolia. com **20/21 ff.** Tender Grass © Stockphoto **24/25 ff.** raining © Stas Perov – Fotolia.com **30/31 ff.** © Christopher Meder – Fotolia.com • © Eric Gevaert – Fotolia.com